macarons

Dicas e receitas de ganaches, geleias e cremes
para rechear deliciosos e coloridos macarons

a arte de fazer
macarons

Lafonte

A arte de fazer macarons
Copyright © 2011 by Editora Lafonte Ltda.

Todos os direitos reservados.
Nenhuma parte deste livro pode ser reproduzida sob quaisquer
meios existentes sem autorização por escrito dos editores.

O texto deste livro foi editado conforme as normas do novo acordo ortográfico
da língua portuguesa, em vigor no Brasil desde 1º de janeiro de 2009.

Edição brasileira

Diretor Editorial	*Pedro Almeida*
Editora	*Elaine Barros*
Organização	*Janaína Suconic*
Coordenação Editorial	*Rosely Ribeiro*
Editora de arte	*Ana Dobón*
Fotógrafo	*Romeu Feixas*

Dados Internacionais de Catalogação na Publicação (CIP)
(Câmara Brasileira do Livro, SP, Brasil)

Suconic, Janaína
   Macarons / Janaína Suconic. – São Paulo : Editora Lafonte, 2011.

   ISBN 978-85-6426-455-7

   1. Doces (Culinária) 2. Receitas I. Título.

11-08192   CDD-641.85

Índices para catálogo sistemático:
   1. Macarons : Doces : Receitas culinárias : Economia doméstica 641.85

1ª edição: 2011
1ª reimpressão: 2012

Av. Profa. Ida Kolb, 551 - 3º andar - São Paulo - SP - CEP 02518-000
Tel.: 55 11 3855-2290 / Fax: 55 11 3855-2280
atendimento@editoralafonte.com.br • www.editoralafonte.com.br

apresentação

Com uma massa bastante delicada, elaborada a partir de farinha de amêndoa, açúcar e claras, os macarons podem ser recheados com ganaches, cremes ou geleias dos mais variados sabores, como frutas vermelhas e amarelas, chocolate, café, pistache, amêndoa e limão, entre outros. Um dos diferenciais deste doce é a infinidade de cores obtidas graças ao uso de corantes na massa. Aliás, a intensidade da coloração e do brilho realmente salta aos olhos. De sabor incomparável, os macarons são crocantes por fora e macios por dentro, e para obter esse resultado é importante utilizar ingredientes de primeira e não substituir a farinha de amêndoa por farinha de caju, por exemplo. Outro fator essencial é assar os macarons em duas etapas, pois na primeira forma-se a crosta crocante e na segunda a massa cresce e fica macia por dentro. Depois, é só escolher o recheio de sua preferência e preparar essas delícias.

sumário

sobre os *macarons*

como preparar a massa **10**
como saborizar a massa **12**
como tingir a massa **13**
como assar os macarons **14**
como rechear os macarons **15**
como dar formatos diferenciados **16**
como decorar a massa – antes de assar **17**
como decorar a massa – depois de assar **20**

receitas e *decorações*

macarons de chocolate
macaron de brigadeiro **26**
macaron de brigadeiro branco **28**
macaron de brigadeiro branco com doce de leite **30**
macaron de chocolate **32**
macaron de chocolate com coco **34**
macaron de chocolate com mel **36**
macaron de chocolate com morango **38**
macaron com creme de chocolate branco **40**
macaron duo **42**
macaron com ganache branca **44**
macaron com ganache branca ao rum **46**
macaron gianduia **48**
macaron pirulito **50**
macaron com raspas de chocolate **52**
macaron real **54**
macaron com trufa branca ao rum **56**
macaron com trufa de morango **58**

macarons de especiarias
macaron de baunilha **62**
macaron de canela **64**

macarons de frutas
macaron com amarena **68**
macaron de amora **70**
macaron de cereja **72**
macaron de coco **74**
macaron de coco queimado **76**
macaron colorido **78**
macaron com creme de amarena **80**
macaron de framboesa **82**
macaron de frutas amarelas **84**
macaron de goiaba **86**
macaron de kinkan **88**
macaron de laranja **90**
macaron de limão com coco **92**
macaron de limão-siciliano **94**
macaron de macadâmia **96**
macaron de maçã caramelada **98**
macaron de maçã verde **100**
macaron de mirtilo **102**
macaron de morango **104**
macaron de morango com chantili **106**

macarons de frutas secas
macaron de amêndoa **110**
macaron de castanha-do-pará **112**
macaron comprido **114**
macaron listrado **116**
macaron de pistache **118**
macaron de praliné de amêndoa **120**

macarons variados
macaron de café **124**
macaron de creme aromatizado com café **126**
macaron de champanhe **128**
macaron com geleia de pimenta **130**
macaron praliné **132**
macaron xadrez **134**

macarons salgados
macaron de azeitona **138**
macaron com orégano **140**
macaron de tomate seco **142**

sobre os *macarons*

como preparar a massa

Rendimento: 30 unidades

Ingredientes
125 g de açúcar impalpável
125 g de farinha de amêndoa
uma pitada de sal
150 g de açúcar refinado
100 g de clara

Modo de Preparo

1. Passe o açúcar impalpável, a farinha de amêndoa e o sal pelo processador. Peneire e reserve.

2. Misture o açúcar refinado com a clara em uma panela e leve ao fogo baixo até a mistura ficar morna.

Não deixe a mistura ferver. A temperatura máxima atingida deve ser de 65ºC.

3. Retire do fogo e transfira o conteúdo da panela para a batedeira. Bata em velocidade alta até a mistura esfriar, formando uma espécie de merengue.

4. Retire o merengue da batedeira e incorpore a mistura peneirada, mexendo delicadamente com uma espátula de silicone até obter uma massa homogênea.

como saborizar a massa

1. Depois que a massa estiver pronta, acrescente 20 g de cacau em pó peneirado.

2. Misture bem com uma colher ou uma espátula de silicone.

O cacau em pó, além de saborizar, confere cor à massa, sem necessidade do uso de corantes.

como tingir a massa

corante em gel

corante em pó

1. Depois que a massa estiver pronta, acrescente corante em gel ou em pó até atingir a cor desejada.

2. Misture cuidadosamente com uma colher.

Pode-se utilizar a massa natural (sem tingir) ou tingida com corante em pó ou em gel.
O corante em gel pode amolecer ligeiramente a massa, por isso coloque pouca quantidade.

como assar os macarons

1. Preaqueça o forno a 150°C.
2. Coloque o silpat sobre uma assadeira retangular virada (ou forre uma assadeira com papel-manteiga).
3. Coloque a massa (natural, saborizada ou tingida) na manga de confeitar com bico perlê pequeno ou grande (dependendo do tamanho desejado).
4. Sobre o silpat (ou sobre o papel-manteiga), aperte a manga de confeitar até obter um círculo do tamanho desejado e gire rapidamente para não formar picos (mantenha uma distância de 5 cm entre os macarons). Faça vários círculos enfileirados, todos do mesmo tamanho (3 a 5 cm de diâmetro).
5. Leve ao forno preaquecido a 150°C por 10 minutos.
6. Diminua a temperatura do forno para 130°C e deixe por mais 10 minutos ou até que a massa esteja assada.
7. Retire do forno e deixe esfriar.
8. Com uma espátula, retire os macarons da assadeira e recheie-os.

como rechear os macarons

1. Coloque o creme ou a geleia na manga de confeitar com bico perlê e aplique-a no centro do macaron assado.

2. Coloque outro macaron por cima, como se fosse um biscoito recheado.

como dar formatos diferenciados

1. Ponha o silpat sobre uma assadeira retangular virada (ou forre uma assadeira com papel-manteiga).
2. Coloque a massa (natural, saborizada ou tingida) na manga de confeitar com bico perlê pequeno ou grande.
3. Sobre o silpat (ou sobre o papel-manteiga), trabalhe com o bico, dando um formato ao macaron (coração, argola, flor, comprido etc.).
4. Leve ao forno para assar (ver pág. 14).

coração

argola

flor

comprido

como decorar a massa – antes de assar

mesclado

1. Ponha o silpat sobre uma assadeira retangular virada (ou forre uma assadeira com papel-manteiga).
2. Coloque a massa na manga de confeitar (natural, saborizada ou tingida) com bico perlê grande.
3. Sobre o silpat (ou sobre o papel-manteiga), aperte a manga de confeitar até obter um círculo do tamanho desejado e gire rapidamente para não formar picos (mantenha uma distância de 5 cm entre os macarons). Faça vários círculos enfileirados, todos do mesmo tamanho (3 a 5 cm de diâmetro).
4. Assim que terminar de fazer os círculos de massa, e antes de levá-los para assar, coloque a massa tingida de uma cor diferente da primeira em outra manga de confeitar com bico perlê pequeno e faça um círculo menor sobre o primeiro círculo.
5. Leve ao forno para assar (ver pág. 14).

como decorar a massa – antes de assar

polvilhado

1. Coloque o silpat sobre uma assadeira retangular virada (ou forre uma assadeira com papel-manteiga).
2. Coloque a massa (natural, saborizada ou tingida) na manga de confeitar com bico perlê pequeno ou grande.
3. Sobre o silpat (ou sobre o papel-manteiga), aperte a manga de confeitar até obter um círculo do tamanho desejado e gire rapidamente para não formar picos (mantenha uma distância de 5 cm entre os macarons). Faça vários círculos enfileirados, todos do mesmo tamanho (3 a 5 cm de diâmetro).
4. Assim que terminar de fazer os círculos de massa, e antes de a massa ir ao forno, decore-os polvilhando os ingredientes de sua preferência (chocolate granulado, pistache moído, confeitos coloridos, coco ralado, cacau em pó, gergelim torrado, chocolate em pó, orégano, pimenta calabresa, amêndoa laminada etc.).
5. Leve ao forno para assar (ver pág. 14).

como decorar a massa – antes de assar

xadrez

1. Coloque o silpat sobre uma assadeira retangular virada (ou forre uma assadeira com papel-manteiga).
2. Coloque a massa (natural, saborizada ou tingida) na manga de confeitar com bico perlê pequeno ou grande.
3. Sobre o silpat (ou sobre o papel-manteiga), aperte a manga de confeitar até obter um círculo do tamanho desejado e gire rapidamente para não formar picos (mantenha uma distância de 5 cm entre os macarons). Faça vários círculos enfileirados, todos do mesmo tamanho (com 3 a 5 cm de diâmetro).

4. Assim que terminar de fazer os círculos de massa, e antes de levá-los ao forno, coloque a massa tingida de uma cor diferente da primeira no cartucho de papel-manteiga e faça fios cruzados sobre o primeiro círculo.
5. Leve ao forno para assar (ver pág. 14).

como decorar a massa – depois de assar

colagem de folha de ouro

1. Espalhe geleia de brilho sobre o macaron assado com a ajuda de uma faca.

2. Cubra toda a superfície com uma folha de ouro.

como decorar a massa – depois de assar

pintura com corante em pó

1. Pincele corante em pó da cor desejada sobre o macaron assado.

pintura com aerógrafo

1. Coloque corante na cor desejada no aerógrafo e pinte o macaron assado, recheado ou não.

Utilizando o aerógrafo para pintura, pode-se pintar todo o macaron ou, ainda, fazer o efeito chapiscado.

receitas
e *decorações*

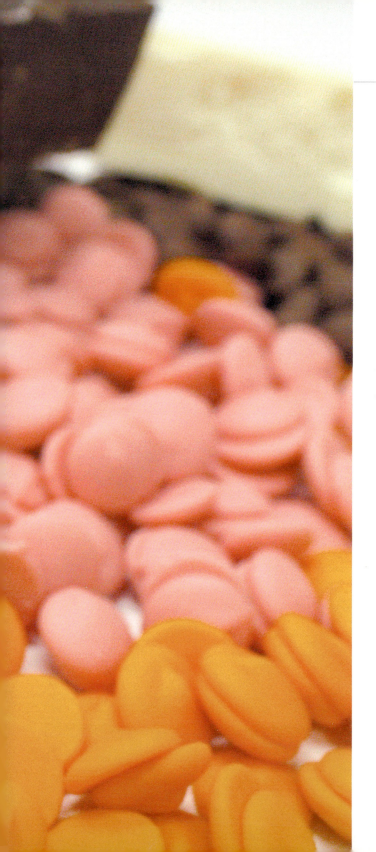

macarons de *chocolate*

macaron de brigadeiro

Ingredientes
para o brigadeiro
395 g de leite condensado
200 ml de creme de leite
150 g de chocolate ao leite picado
15 g de farinha de trigo
15 g de manteiga sem sal
3 gemas peneiradas

Modo de Preparo
1. Em uma panela antiaderente, misture todos os ingredientes e cozinhe em fogo baixo, sem parar de mexer, até a mistura desprender do fundo da panela.
2. Deixe o brigadeiro esfriar e recheie os macarons.

Você vai precisar de:
macarons naturais (ver págs. 10 e 11) polvilhados com chocolate granulado, antes de assar, (ver pág. 18)
massa de brigadeiro (ver receita acima)

macaron de brigadeiro branco

Ingredientes

para o brigadeiro branco
395 g de leite condensado
15 g de farinha de trigo
15 g de manteiga sem sal
200 g de creme de leite
100 g de chocolate branco picado

Modo de Preparo
1. Em uma panela antiaderente, misture o leite condensado com a farinha de trigo até que a farinha esteja completamente dissolvida.
2. Acrescente os demais ingredientes e leve ao fogo baixo, sem parar de mexer, até que a mistura se desprenda do fundo da panela.
3. Deixe o brigadeiro branco esfriar e recheie os macarons. Se desejar, passe as bordas dos macarons recheados pelo gergelim.

Você vai precisar de:
macarons naturais (ver págs. 10 e 11) polvilhados,
   antes de assar, com gergelim (ver pág. 18)
brigadeiro branco (ver receita acima)
gergelim

macaron de brigadeiro branco com doce de leite

Ingredientes

para o brigadeiro branco com doce de leite
395 g de leite condensado
15 g de farinha de trigo
15 g de manteiga sem sal
200 g de creme de leite
100 g de chocolate branco picado
200 g de doce de leite

Modo de Preparo
1. Em uma panela antiaderente, misture o leite condensado com a farinha de trigo e mexa bem, até que a farinha esteja completamente dissolvida.
2. Adicione os demais ingredientes e leve ao fogo baixo, sem parar de mexer, até que a mistura se desprenda do fundo da panela.
3. Retire do fogo, acrescente o doce de leite e misture bem até obter uma mistura homogênea.
4. Deixe o brigadeiro branco com doce de leite esfriar e recheie os macarons.

Você vai precisar de:
macarons naturais (ver págs. 10, 11 e 14)
brigadeiro branco com doce de leite (ver receita acima)

macaron de chocolate

Ingredientes

para a ganache de chocolate
300 g de creme de leite fresco
400 g de chocolate ao leite picado
200 g de chocolate meio-amargo picado

Modo de Preparo
1. Em uma panela, coloque o creme de leite e leve ao fogo para ferver.
2. Ponha o chocolate picado em uma tigela, despeje o creme de leite fervente e abafe por 1 minuto.
3. Retire a tampa e misture bem até formar um creme liso e homogêneo.
4. Deixe esfriar a ganache de chocolate e recheie os macarons.

Você vai precisar de:
macarons saborizados com cacau em pó
   (ver págs. 10, 11, 12 e 14)
ganache de chocolate (ver receita acima)

macaron de chocolate com coco

Ingredientes
para o creme de coco
395 g de leite condensado
100 g de coco ralado
15 g de manteiga sem sal
50 ml de creme de leite

Modo de Preparo
1. Coloque todos os ingredientes em uma panela antiaderente e leve ao fogo baixo, mexendo sempre, até que a mistura comece a se desprender do fundo da panela.
2. Deixe o creme de coco esfriar e recheie os macarons.
3. Banhe a parte de cima do macaron no chocolate meio-amargo derretido e polvilhe-o com coco ralado grosso.

Você vai precisar de:
macarons naturais (ver págs. 10, 11 e 14)
creme de coco (ver receita acima)
chocolate meio-amargo derretido para decorar
coco ralado grosso para decorar

macaron de chocolate com mel

Ingredientes

para o creme de chocolate com mel

300 g de chocolate meio-amargo derretido
150 ml de creme de leite
1 colher (sopa) de mel
1 colher (chá) de essência de baunilha

Modo de Preparo

1. Coloque o chocolate derretido na tigela da batedeira.
2. Acrescente os demais ingredientes, misture bem e leve para gelar por 20 minutos.
3. Retire a tigela da geladeira e bata até obter uma mistura lisa e homogênea.
4. Utilize o creme de chocolate com mel para rechear os macarons.
5. Posicione o estêncil de estrela sobre o macaron e pinte com o aerógrafo. Retire o estêncil.

Você vai precisar de:
macarons tingidos com corante na cor pink
  (ver págs. 10, 11, 13 e 14)
creme de chocolate com mel (ver receita acima)
estêncil de estrela
aerógrafo com corante prata (ver pág. 21)

macaron de chocolate com morango

Ingredientes

para o creme de morango

30 g de pó para sorvete sabor morango

250 ml de creme de leite

500 g de chocolate branco derretido

Modo de Preparo

1. Em uma tigela, dilua o pó para sorvete no creme de leite.
2. Acrescente o chocolate derretido ainda morno e misture bem até obter um creme homogêneo.
3. Leve à geladeira por 2 horas.
4. Retire o creme de morango da geladeira e recheie os macarons.

Você vai precisar de:

macarons tingidos com corante vermelho
  (ver págs. 10, 11, 13 e 14)
creme de morango (ver receita acima)

macaron com creme de chocolate branco

Ingredientes
para o creme de chocolate branco
125 g de gordura vegetal hidrogenada
200 g de leite condensado
200 g de chocolate branco derretido
30 g de leite em pó
corante em gel verde

Modo de Preparo
1. Na tigela da batedeira, bata a gordura vegetal com o leite condensado até formar um creme liso.
2. Acrescente o chocolate derretido e o leite em pó e continue batendo até formar um creme homogêneo.
3. Sem parar de bater, adicione aos poucos o corante, até obter a tonalidade desejada.
4. Leve o creme à geladeira por 10 minutos.
5. Retire o creme de chocolate branco da geladeira e recheie os macarons.

Você vai precisar de:
macarons naturais (ver págs. 10 e 11) polvilhados,
   antes de assar, com açúcar cristal branco (ver pág. 18)
creme de chocolate branco (ver receita acima)

macaron duo

Ingredientes

para o brigadeiro preto
395 g de leite condensado
200 ml de creme de leite
150 g de chocolate ao leite picado
15 g de farinha de trigo
15 g de manteiga sem sal
3 gemas peneiradas

Modo de Preparo
1. Em uma panela antiaderente, junte todos os ingredientes e leve ao fogo baixo, sem parar de mexer, até a mistura se desprender do fundo da panela.
2. Deixe a massa do brigadeiro preto esfriar e reserve.

para o brigadeiro branco
395 g de leite condensado
200 ml de creme de leite
150 g de chocolate branco picado
15 g de farinha de trigo
15 g de manteiga sem sal
3 gemas peneiradas

Modo de Preparo
1. Em uma panela antiaderente, coloque todos os ingredientes e leve ao fogo baixo, mexendo sempre, até a mistura se desprender do fundo da panela.
2. Espere esfriar e recheie a metade dos macarons.
3. Complemente o recheio dos macarons com o brigadeiro preto.

Você vai precisar de:
macarons naturais (ver págs. 10 e 11) polvilhados, antes
   de assar, com confeitos de chocolate ao leite (ver pág. 18)
brigadeiro branco (ver receita acima)
brigadeiro preto (ver receita acima)

macaron com ganache branca

Ingredientes

para a ganache branca
150 g de creme de leite
300 g de chocolate branco picado

Modo de Preparo

1. Em uma panela, coloque o creme de leite e leve ao fogo até ferver.
2. Ponha o chocolate picado em uma tigela, despeje o creme de leite fervente e abafe por 1 minuto.
3. Retire a tampa e misture bem até formar um creme liso e homogêneo.
4. Deixe a ganache branca esfriar e recheie os macarons.

Você vai precisar de:
macarons naturais (ver págs. 10, 11 e 14) chapiscados
   com corante vermelho (ver pág. 21)
aerógrafo
ganache branca (ver receita acima)

macaron com ganache branca ao rum

Ingredientes

para a ganache branca ao rum
300 g de creme de leite fresco
600 g de chocolate branco picado
1 colher (sopa) de rum

Modo de Preparo
1. Em uma panela, coloque o creme de leite e leve ao fogo para ferver.
2. Coloque o chocolate picado em uma tigela e despeje o creme de leite fervente. Abafe por 1 minuto.
3. Retire a tampa, acrescente o rum e misture bem até formar um creme liso e homogêneo.
4. Deixe a ganache branca ao rum esfriar e recheie os macarons.

Você vai precisar de:
macarons argolas tingidos com corante laranja (ver págs. 10, 11, 13 e 16) chapiscados com corante vermelho (ver pág. 21).
aerógrafo
ganache branca ao rum (ver receita acima)

macaron gianduia

Ingredientes

para o creme de gianduia
395 g de leite condensado
200 ml de creme de leite
15 g de manteiga sem sal
200 g de creme de avelã
150 g de doce de leite

Modo de Preparo
1. Em uma panela antiaderente, misture todos os ingredientes, leve ao fogo baixo e mexa sem parar até que a mistura comece a se desprender do fundo da panela.
2. Deixe o creme de gianduia esfriar e recheie os macarons.

Você vai precisar de:
macarons tingidos com corante pink
  (ver págs. 10, 11 e 13) polvilhados com cacau em pó antes de assar (ver pág. 18)
creme de gianduia (ver receita acima)

macaron pirulito

Ingredientes

para a trufa de chocolate branco
500 g de chocolate branco derretido
200 g de creme de leite fresco
15 g de favinho
1 colher (chá) de essência de chocolate branco

Modo de Preparo
1. Junte todos os ingredientes em uma tigela, misture bem e leve à geladeira por 2 horas.
2. Retire a tigela da geladeira, transfira o conteúdo para a batedeira e bata até obter um creme liso e homogêneo.
3. Em seguida, recheie os macarons com a trufa de chocolate branco e introduza um palito de pirulito no recheio de cada um.

Você vai precisar de:
macarons naturais (ver págs. 10 e 11) polvilhados, antes de assar, com confeitos coloridos em formato de estrela (ver pág. 18)
trufa de chocolate branco (ver receita acima)
palitos de pirulito

macaron com raspas de chocolate

Ingredientes

para o creme de chocolate
60 g de amido de milho
90 g de chocolate em pó
1 litro de leite
1 gema peneirada
395 g de leite condensado
200 ml de creme de leite

Modo de Preparo
1. Em uma panela, misture o amido de milho, o chocolate em pó, o leite e a gema.
2. Acrescente o leite condensado, misture novamente e leve ao fogo baixo até engrossar, sem parar de mexer.
3. Retire a panela do fogo, transfira a mistura para a tigela da batedeira, junte o creme de leite e bata até obter um creme homogêneo.
4. Deixe o creme de chocolate esfriar e recheie os macarons. Decore-os com as raspas de chocolate branco e preto.

Você vai precisar de:
macarons tingidos com corante pink
   (ver págs. 10, 11, 13 e 14)
creme de chocolate (ver receita acima)
raspas de chocolate branco para decorar
raspas de chocolate meio-amargo para decorar

macaron real

Ingredientes

para a ganache
150 g de creme de leite
300 g de chocolate meio-amargo picado

Modo de Preparo
1. Em uma panela, coloque o creme de leite e leve ao fogo até ferver.
2. Ponha o chocolate picado em uma tigela, despeje o creme de leite fervente. Abafe por 1 minuto.
3. Retire a tampa e misture bem até que esteja liso e homogêneo.
4. Deixe a ganache esfriar e recheie os macarons.

Você vai precisar de:
macarons tingidos com corante amarelo (ver págs. 10, 11, 13 e 14) e cobertos com folhas de ouro (ver pág. 20)
ganache (ver receita acima)

macaron com trufa branca ao rum

Ingredientes

para a trufa branca ao rum
500 g de chocolate branco derretido
200 g de creme de leite
15 g de favinho
1 colher (chá) de essência de rum
2 colheres (sopa) de rum

Modo de Preparo
1. Na tigela da batedeira, misture o chocolate derretido ainda morno com os demais ingredientes.
2. Leve à geladeira por 2 horas.
3. Retire a tigela da geladeira e bata até formar um creme homogêneo.
4. Pegue um macaron bordô e um natural e recheio-os com a trufa branca.

Você vai precisar de:
macarons pequenos tingidos com
   corante bordô (ver págs. 10, 11, 13 e 14)
macarons naturais pequenos (ver págs. 10, 11 e 14)
trufa branca ao rum (ver receita acima)

macaron com trufa de morango

Ingredientes

para a trufa de morango
500 g de chocolate branco derretido
200 ml de creme de leite
15 g de favinho
150 g de geleia de morango
corante em gel vermelho

Modo de Preparo
1. Coloque o chocolate branco derretido ainda quente em uma tigela e acrescente o restante dos ingredientes. Misture bem até obter um creme liso e homogêneo.
2. Recheie os macarons com a trufa de morango.

Você vai precisar de:
macarons com formato de coração tingidos
   com corante vermelho (ver págs. 10, 11, 13 e 16)
   e polvilhados, antes de assar, com confeitos
   vermelhos (ver pág. 18)
trufa de morango (ver receita acima)

macarons de *especiarias*

macaron de baunilha

Ingredientes

para o creme de baunilha
75 ml de água
200 g de açúcar refinado
3 claras
300 g de manteiga sem sal cortada em cubinhos
60 g de pasta de baunilha

Modo de Preparo

1. Em uma panela, coloque a água e o açúcar e leve ao fogo baixo. Deixe ferver até atingir 121°C e formar uma calda. Então, retire a panela do fogo e deixe a fervura reduzir por 30 segundos.
2. Bata a clara em neve (comece a bater quando a calda atingir 114°C, para que no momento em que atingir 121°C ela já esteja em neve).
3. Em fio constante e fino, despeje a calda sobre a clara em neve, sempre batendo em velocidade baixa por cerca de 15 minutos, ou até que esteja fria, exatamente como no merengue.
4. Ainda na batedeira, junte os cubinhos de manteiga, aos poucos, e a pasta de baunilha e bata até que os ingredientes estejam bem incorporados.
5. Em seguida, recheie os macarons com o creme de baunilha.

Você vai precisar de:
macarons naturais (ver págs. 10, 11 e 14)
creme de baunilha (ver receita acima)

macaron de canela

Você vai precisar de:
macarons tingidos com corante marrom
(ver págs. 10, 11 e 13) polvilhados, antes de assar,
com canela em pó (ver pág. 18)
saquinhos plásticos transparentes

Modo de Preparo
Coloque os macarons dentro de saquinhos
transparentes e amarre-os com fitinhas douradas.

* Nesta receita, os macarons são servidos
como biscoitos, sem recheio.

macarons de *frutas*

macaron com amarena

Ingredientes
para o chantili
500 ml de creme de leite fresco
50 g de açúcar refinado
2 colheres (chá) de essência de baunilha

Modo de Preparo
1. Coloque o creme de leite na tigela da batedeira e bata em velocidade média até começar a engrossar.
2. Sem parar de bater, adicione o açúcar e a essência de baunilha até obter uma consistência firme.
3. Coloque o chantili na manga de confeitar com bico pitanga e recheie o macaron com pequenas pitangas de creme. Ponha uma amarena no centro e apoie outro macaron na lateral, formando uma concha entreaberta.

Você vai precisar de:
macarons tingidos com corante rosa
 (ver págs. 10, 11, 13 e 14)
chantili (ver receita acima)
amarenas frescas

macaron de amora

Ingredientes

para o brigadeiro de amora
395 g de leite condensado
15 g de farinha de trigo
15 g de manteiga sem sal
200 g de creme de leite
100 g de chocolate branco derretido
50 g de pasta de amora
corante em gel violeta (opcional)

Modo de Preparo

1. Em uma panela, coloque o leite condensado e a farinha de trigo e mexa bem, até que a farinha esteja completamente dissolvida.
2. Acrescente os demais ingredientes, misture e leve ao fogo baixo até que a mistura se desprenda do fundo da panela.
3. Por último, junte o corante e mexa bem (se quiser dar mais cor ao creme).
4. Deixe o brigadeiro de amora esfriar e recheie os macarons

Você vai precisar de:
macarons tingidos com corante lilás
   (ver págs. 10, 11, 13 e 14)
brigadeiro de amora (ver receita acima)

macaron de cereja

Ingredientes
para o creme de cereja
200 g de cereja em calda escorrida
300 g de pasta de cereja
50 ml de creme de leite

Modo de Preparo
1. Passe as cerejas pelo processador.
2. Em uma tigela, misture a cereja com os demais ingredientes.
3. Mexa bem, até formar uma mistura homogênea. Em seguida, recheie os macarons com o creme de cereja.

Você vai precisar de:
macarons tingidos com corante pink
   (ver págs. 10, 11, 13 e 14)
creme de cereja (ver receita acima)

macaron de coco

Ingredientes

para o creme de coco

395 g de leite condensado
100 ml de leite
50 ml de creme de leite
100 g de coco ralado

Modo de Preparo

1. Em uma panela antiaderente, misture todos os ingredientes e leve ao fogo baixo até a mistura se desprender do fundo da panela.
2. Deixe o creme de coco esfriar e recheie os macarons.

Você vai precisar de:
macarons naturais (ver págs. 10 e 11) polvilhados,
   antes de assar, com coco ralado (ver pág. 18)
creme de coco (ver receita acima)

macaron de coco queimado

Ingredientes

para o brigadeiro de coco queimado
395 g de leite condensado
50 g de creme de leite
80 g de coco ralado queimado
15 g de manteiga sem sal

Modo de Preparo
1. Coloque todos os ingredientes em uma panela antiaderente e leve ao fogo baixo, mexendo sempre, até que a mistura se desprenda do fundo da panela.
2. Deixe o brigadeiro de coco queimado esfriar e recheie os macarons.

Você vai precisar de:
macarons tingidos com corante amarelo
 (ver págs. 10, 11, 13 e 14)
brigadeiro de coco queimado
 (ver receita acima)

macaron colorido

Ingredientes

para o brigadeiro de morango

395 g de leite condensado
15 g de farinha de trigo
15 g de manteiga sem sal
200 g de creme de leite
100 g de chocolate branco derretido
1 colher (sopa) de pó para sorvete sabor morango

para a geleia de morango

600 g de morango picado
500 g de açúcar refinado
1 colher (sopa) de suco de limão

Modo de Preparo

1. Comece preparando o brigadeiro de morango. Em uma panela antiaderente, misture o leite condensado com a farinha de trigo, até que ela esteja completamente dissolvida.
2. Acrescente os demais ingredientes e leve ao fogo baixo, sem parar de mexer, até que a mistura se desprenda do fundo da panela. Reserve.
3. Para preparar a geleia de morango, junte todos os ingredientes em uma panela e leve ao fogo baixo, sem parar de mexer, até obter o ponto de geleia.
4. Deixe a geleia esfriar e recheie a metade dos macarons com o brigadeiro de morango e a outra metade com a geleia de morango.

Você vai precisar de:
macarons naturais (ver págs. 10 e 11) polvilhados, antes de assar, com confeitos coloridos (ver pág. 18)
brigadeiro de morango (ver receita acima)
geleia de morango (ver receita acima)

macaron com creme de amarena

Ingredientes

para o creme de amarena
75 ml de água
200 g de açúcar refinado
3 claras
300 g de manteiga sem sal cortada em cubinhos
60 g de pasta de amarena

Modo de Preparo
1. Coloque a água e o açúcar em uma panela e leve ao fogo baixo. Leve para ferver, sem mexer, até que atinja 121°C e forme uma calda. Neste momento, retire a panela do fogo e deixe a fervura reduzir por 30 segundos.
2. Bata a clara em neve na batedeira (comece a bater quando a calda atingir 114°C, para que no momento em que atingir 121°C ela já esteja em neve).
3. Em fio constante e fino, despeje a calda sobre a clara em neve, sem parar de bater, em velocidade baixa, por cerca de 15 minutos ou até que esteja fria, exatamente como no merengue.
4. Ainda na batedeira, junte aos poucos a manteiga e a pasta de amarena e bata até que se forme um creme homogêneo.
5. Em seguida, recheie os macarons com o creme de amarena.

Você vai precisar de:
macarons mesclados (natural com bordô)
  (ver págs. 10, 11 e 17)
creme de amarena (ver receita acima)

macaron de framboesa

Ingredientes

para o creme de framboesa
75 ml de água
200 g de açúcar refinado
3 claras
300 g de manteiga sem sal cortada em cubinhos
60 g de pasta de framboesa

Modo de Preparo
1. Coloque a água e o açúcar em uma panela e leve ao fogo baixo. Deixe ferver, sem mexer, até que atinja 121°C e forme uma calda. Neste momento, retire a panela do fogo e deixe a fervura reduzir por 30 segundos.
2. Bata a clara em neve na batedeira (comece a bater quando a calda atingir 114°C, para que no momento em que atingir 121°C ela já esteja em neve).
3. Em fio constante e fino, despeje a calda sobre a clara em neve, batendo sem parar, em velocidade baixa, por cerca de 15 minutos ou até que esteja fria, exatamente como no merengue
4. Ainda na batedeira, junte aos poucos a manteiga e a pasta de framboesa e bata até obter um creme homogêneo.
5. Em seguida, recheie os macarons com o creme de framboesa. Decore-os com um pedacinho de folha de ouro.

Você vai precisar de:
macarons tingidos com corante vermelho
  (ver págs. 10, 11, 13 e 14)
creme de framboesa (ver receita acima)
pedaços de folhas de ouro

macaron de frutas amarelas

Ingredientes
para o coulis de frutas amarelas
300 g de água
150 g de açúcar refinado
300 g de fruta amarela de sua preferência, picada (manga, abacaxi, laranja, melão ou carambola)

Modo de Preparo
1. Coloque a água e o açúcar em uma panela e leve ao fogo para formar uma calda.
2. Quando a calda estiver em ponto de fio (mais ou menos 120°C), adicione a fruta picada e deixe ferver até que fique cozida.
3. Passe o coulis pelo processador.
4. Volte a panela ao fogo para que o coulis apure e fique mais seco.
5. Em seguida, recheie os macarons com coulis de fruta amarela. Decore-os com o próprio coulis.

Você vai precisar de:
macarons naturais (ver págs. 10, 11 e 14)
coulis de frutas amarelas (ver receita acima)

macaron de goiaba

Ingredientes

para a trufa de goiaba

500 g de chocolate branco derretido

100 ml de creme de leite

60 ml de suco concentrado de goiaba

1 colher (chá) de essência de goiaba

1 colher (sopa) de conhaque

Modo de Preparo

1. Coloque o chocolate derretido ainda quente em uma tigela, acrescente os demais ingredientes e misture-os até que estejam bem incorporados.
2. Leve a tigela à geladeira por 2 horas.
3. Retire a trufa da geladeira e pegue um macaron vermelho e um natural e recheie-os com a trufa de goiaba.

Você vai precisar de:

macarons pequenos tingidos com corante vermelho
   (ver págs. 10, 11, 13 e 14)
macarons pequenos naturais (ver págs. 10 e 11)
polvilhados, antes de assar, com confeitos
   vermelhos (ver pág. 18)
trufa de goiaba (ver receita acima)

macaron de kinkan

Ingredientes
para a compota de kinkan
400 g de laranja kinkan lavada
480 ml de água
300 g de açúcar refinado

Modo de Preparo
1. Em uma panela com bastante água, coloque as laranjas e deixe-as ferver. Escorra a água e repita a operação por mais duas vezes, para tirar a acidez da fruta.
2. Escorra a água da última fervura e leve as kinkans de volta ao fogo, acrescentando os 480 ml de água e o açúcar. Deixe cozinhar até levantar fervura.
3. Retire a panela do fogo, escorra bem e passe as laranjas pelo processador.
4. Volte a laranja processada ao fogo para apurar um pouco mais.
5. Deixe a compota de kinkan esfriar e em seguida recheie os macarons.

Você vai precisar de:
macarons pequenos tingidos com corante laranja (ver págs. 10, 11, 13 e 14).
compota de kinkan (ver receita acima)

macaron de laranja

Ingredientes

para a compota de laranja
500 ml de água
790 g de açúcar refinado
1 kg de polpa de laranja tipo pera
(sem casca e sem bagaço)

para o creme de chocolate
400 g de chocolate ao leite derretido
200 g de chocolate meio-amargo derretido
200 ml de creme de leite
50 ml de licor de chocolate

Modo de Preparo
1. Prepare a compota de laranja: em uma panela antiaderente, misture a água com o açúcar e leve ao fogo baixo, sem mexer, até dissolver bem.
2. Aumente o fogo e deixe ferver por 1 minuto.
3. Junte a polpa de laranja e cozinhe por 8 minutos.
4. Desligue o fogo e deixe esfriar. Reserve.
5. Para fazer o creme de chocolate, ponha em uma tigela os dois tipos de chocolate derretido ainda quentes e acrescente os demais ingredientes. Misture bem até formar um creme homogêneo.
6. Em seguida, com uma colher, coloque uma porção de compota de laranja em um pote de vidro.
7. Complete com creme de chocolate e coloque um macaron em cima.

Você vai precisar de:
macarons pequenos tingidos com corante laranja
   (ver págs. 10, 11, 13, e 14)
compota de laranja (ver receita acima)
creme de chocolate (ver receita acima)
potes de vidro pequenos

macaron de limão com coco

Ingredientes

para o creme de coco
395 g de leite condensado
100 g de coco ralado seco
50 ml de creme de leite

Modo de Preparo
1. Em uma panela antiaderente, misture todos os ingredientes e leve para cozinhar em fogo baixo, mexendo até a mistura se desprender do fundo da panela.
2. Deixe o creme de coco esfriar e recheie os macarons. Em seguida, pincele-os com a geleia de brilho. Polvilhe raspas de limão.

Você vai precisar de:
macarons pequenos tingidos com corante verde-limão
   (ver págs. 10, 11, 13 e 14)
creme de coco (ver receita acima)
geleia de brilho
raspas de limão-taiti para decorar

macaron de limão-siciliano

Ingredientes
para o brigadeiro de limão-siciliano
50 g chocolate branco em barra
395 g de leite condensado
15 g de manteiga sem sal
raspas das cascas de 2 limões-sicilianos

Modo de Preparo
1. Raspe o chocolate branco com um ralador manual.
2. Em uma panela, misture o leite condensado, as raspas de chocolate branco e a manteiga.
3. Leve ao fogo brando e, sem parar de mexer, deixe cozinhar até que a mistura se desprenda do fundo da panela.
4. Desligue o fogo, acrescente as raspas de limão-siciliano e misture bem para liberar o óleo essencial da casca, que vai aromatizar o brigadeiro.
5. Deixe o brigadeiro de limão-siciliano esfriar e recheie os macarons.
6. Posicione o estêncil sobre o macaron e polvilhe açúcar impalpável com a ajuda de uma peneira pequena. Retire o estêncil cuidadosamente para não desmanchar o desenho obtido.

Você vai precisar de:
macarons tingidos com corante preto
  (ver págs. 10, 11, 13 e 14)
brigadeiro de limão-siciliano (ver receita acima)
açúcar impalpável para decorar
estêncil em formato de tiras

macaron de macadâmia

Ingredientes
para o creme de macadâmia
395 g de leite condensado
150 ml de creme de leite
50 ml de leite
15 g de manteiga sem sal
100 g de macadâmia triturada

Modo de Preparo
1. Em uma panela antiaderente, coloque todos os ingredientes e leve ao fogo baixo. Deixe cozinhar até que a mistura se desprenda do fundo da panela.
2. Tire do fogo, espere o creme de macadâmia esfriar e recheie os macarons.

Você vai precisar de:
macarons naturais (ver págs. 10 e 11)
   polvilhados, antes de assar, com açúcar cristal
   tingido com corante em pó dourado (ver pág. 18)
creme de macadâmia (ver receita acima)

macaron de maçã caramelada

Ingredientes

para a maçã caramelada
3 maçãs vermelhas sem casca e picadas em quadrados bem pequenos
100 g de açúcar refinado

Modo de Preparo
1. Em uma frigideira grande, coloque a maçã picada, leve ao fogo baixo e vá polvilhando o açúcar até que os pedaços de maçã fiquem cozidos e dourados.
2. Deixe esfriar e em seguida recheie os macarons com o doce de leite e a maçã caramelada.

Você vai precisar de:
macarons naturais (ver págs. 10, 11 e 14)
maçãs carameladas (ver receita acima)
doce de leite

macaron de maçã verde

Ingredientes

para o purê de maçã verde
300 g de maçã verde sem casca e picada
150 g de açúcar refinado
50 ml de água
corante em gel verde

para o creme
125 g de açúcar refinado
30 g de farinha de trigo
30 g de amido de milho
4 gemas peneiradas
500 ml de leite quente
1 colher (chá) de essência de baunilha

Modo de Preparo

1. Para fazer o purê de maçã verde, coloque todos os ingredientes em uma panela, exceto o corante em gel, e leve ao fogo baixo, mexendo sempre até formar um purê.
2. Retire do fogo e passe o purê pelo processador. Adicione o corante até obter a tonalidade desejada. Reserve.
3. Para preparar o creme, misture a metade do açúcar com a farinha de trigo e o amido de milho.
4. Acrescente a gema peneirada, mexendo bem com um fuê. Reserve.
5. Em uma panela, ferva o leite com o restante do açúcar e despeje-o lentamente sobre a mistura reservada, sem parar de mexer, até obter um creme homogêneo.
6. Leve esse creme ao fogo e, mexendo continuamente, cozinhe por 2 minutos.
7. Retire do fogo e coloque-o em um recipiente forrado com papel filme. Cubra com papel filme e leve à geladeira para esfriar.
8. Depois de frio, retire o papel filme, acrescente a essência de baunilha e misture bem para incorporá-la ao creme.
9. Junte o purê de maçã verde reservado ao creme, misture delicadamente e recheie os macarons.

Você vai precisar de:
macarons tingidos com corante na cor verde
  (ver págs. 10, 11, 13 e 14)
creme de maçã verde (ver receita acima)

macaron de mirtilo

Ingredientes

para o creme de mirtilo
75 ml de água
200 g de açúcar refinado
3 claras
300 g de manteiga cortada em cubinhos
180 g de mirtilo

Modo de Preparo

1. Em uma panela, coloque a água e o açúcar e leve ao fogo baixo. Deixe ferver, sem mexer, até atingir 121°C e formar uma calda. Retire a panela do fogo e deixe a fervura reduzir por 30 segundos.
2. Bata as claras em neve na batedeira (comece a bater quando a calda atingir 114°C, para que no momento em que atingir 121°C elas já estejam em neve).
3. Em fio constante e fino, despeje a calda sobre a clara em neve, sempre batendo em velocidade baixa por cerca de 15 minutos, ou até que esteja fria, exatamente como no merengue.
4. Ainda na batedeira, adicione a manteiga aos poucos, e bata até que ela esteja bem incorporada.
5. Desligue a batedeira e acrescente os mirtilos, envolvendo-os delicadamente no merengue.
6. Em seguida recheie os macarons com o creme de mirtilo.

Você vai precisar de:
macarons tingidos com corante violeta
   (ver págs. 10, 11, 13 e 14)
creme de mirtilo (ver receita acima)

macaron de morango

Ingredientes
para a geleia de morango
600 g de morango picado
500 g de açúcar refinado
1 colher (sopa) de suco de limão-taiti

Modo de Preparo
1. Coloque todos os ingredientes em uma panela e leve ao fogo baixo, mexendo sempre, até obter o ponto de geleia.
2. Deixe a geleia de morango esfriar e recheie os macarons.

Você vai precisar de:
macarons tingidos com corante pink
 (ver págs. 10, 11, 13 e 14)
geleia de morango (ver receita acima)

macaron de morango com chantili

Ingredientes
para o chantili
500 ml de creme de leite fresco
2 colheres (chá) de essência de baunilha
50 g de açúcar refinado

Modo de Preparo
1. Despeje o creme de leite na tigela da batedeira e bata em velocidade média até começar a engrossar.
2. Adicione a essência de baunilha e o açúcar e continue batendo até obter uma consistência firme.
3. Em seguida, coloque o chantili na manga de confeitar com bico perlê. Recheie os macarons aplicando o chantili intercalado com morango picado.

Você vai precisar de:
macarons tingidos com corante cor-de-rosa
 (ver págs. 10, 11, 13 e 14)
morangos frescos picados
chantili (ver acima)

macarons de
frutas secas

macaron de amêndoa

Ingredientes

para o creme de amêndoa

200 g de açúcar refinado
100 ml de água
15 g de manteiga sem sal
395 g de leite condensado
150 g de farinha de amêndoa
1 colher (chá) de essência de amêndoa

Modo de Preparo

1. Coloque o açúcar e a água em uma panela e leve para ferver em fogo baixo, sem mexer, até que se forme uma calda em ponto de fio.
2. Desligue o fogo e dissolva a manteiga na calda. Deixe esfriar.
3. Acrescente o leite condensado e a farinha de amêndoa e volte a panela ao fogo até obter um creme liso.
4. Retire do fogo e misture a essência de amêndoa.
5. Espere o creme de amêndoa esfriar e recheie os macarons.

Você vai precisar de:
macarons tingidos com corante cor-de-rosa
   (ver págs. 10, 11, 13 e 14) pintados com aerógrafo
   e corante perolado (ver pág. 21)
creme de amêndoa (ver receita acima)

macaron de castanha-do-pará

Ingredientes

para o creme de castanha-do-pará
395 g de leite condensado
3 gemas peneiradas
80 g de farinha de castanha-do-pará
50 ml de creme de leite

Modo de Preparo
1. Coloque todos os ingredientes em uma panela antiaderente e leve para cozinhar em fogo baixo, sem parar de mexer, até que a mistura se desprenda do fundo da panela.
2. Deixe o creme de castanha-do-pará esfriar e recheie os macarons. Decore-os com o chocolate branco derretido e a castanha triturada.

Você vai precisar de:
macarons naturais (ver págs. 10, 11 e 14)
creme de castanha-do-pará (ver receita acima)
chocolate branco derretido para decorar
castanha triturada para decorar

macaron comprido

Ingredientes

para o creme de amêndoa
120 ml de água
180 g de açúcar refinado
15 g de manteiga sem sal
150 g de farinha de amêndoa
6 gemas peneiradas
395 g de leite condensado
1 colher (chá) de essência de amêndoa

Modo de Preparo
1. Em uma panela antiaderente, coloque a água e o açúcar e leve ao fogo baixo. Deixe ferver, sem mexer, até formar uma calda em ponto de fio.
2. Desligue o fogo e acrescente a manteiga. Misture e espere esfriar.
3. Então, acrescente a farinha de amêndoa, as gemas peneiradas e o leite condensado e cozinhe em fogo baixo até que a mistura se desprenda do fundo da panela.
4. Retire do fogo, acrescente a essência de amêndoa e misture bem, até formar um creme homogêneo.
5. Espere o creme de amêndoa esfriar e recheie os macarons.

Você vai precisar de:
macarons compridos naturais (ver págs. 10, 11 e 16) polvilhados, antes de assar, com lâminas de amêndoa (ver pág. 18)
creme de amêndoa (ver receita acima)

macaron listrado

Ingredientes
para o creme de pistache
60 g de amido de milho
480 ml de leite
4 gemas peneiradas
180 g de açúcar refinado
240 ml de creme de leite fresco
1 colher (sobremesa) de essência de pistache
300 g de pistache sem casca, torrado e picado grosso

Modo de Preparo
1. Em uma panela antiaderente, dissolva o amido de milho no leite, acrescente as gemas peneiradas, o açúcar e o creme de leite. Misture bem.
2. Leve ao fogo baixo, sem parar de mexer, até que a mistura se desprenda do fundo da panela.
3. Retire do fogo, acrescente a essência e o pistache picado e misture.
4. Deixe o creme de pistache esfriar e em seguida recheie os macarons. Coloque o chocolate derretido ainda quente no cartucho de papel-manteiga e desenhe listras sobre os macarons. Cole um pistache sobre cada macaron listrado.

Você vai precisar de:
macarons tingidos com corante verde-irlandês
 (ver págs. 10, 11, 13 e 14)
creme de pistache (ver receita acima)
chocolate branco derretido para decorar
pistaches inteiros para decorar
cartucho de papel-manteiga

macaron de pistache

Ingredientes

para o merengue de pistache
75 ml de água
200 g de açúcar refinado
3 claras
300 g de manteiga sem sal cortada em cubinhos
60 g de pasta de pistache
60 g de farinha de pistache

Modo de Preparo

1. Coloque a água e o açúcar em uma panela e leve ao fogo baixo. Deixe ferver, sem mexer, até que atinja 121°C e forme uma calda. Neste momento, retire a panela do fogo e deixe a fervura reduzir por 30 segundos.
2. Bata as claras em neve na batedeira (comece a bater quando a calda atingir 114°C, para que no momento em que atingir 121°C elas já estejam em neve).
3. Em fio constante e fino, despeje a calda sobre a clara em neve, sempre batendo em velocidade baixa por cerca de 15 minutos, ou até que esteja fria, exatamente como no merengue.
4. Adicione aos poucos a manteiga, a pasta e a farinha de pistache. Continue batendo até obter um creme homogêneo.
5. Em seguida, recheie os macarons com o merengue de pistache.

Você vai precisar de:
macarons naturais (ver págs. 10 e 11) polvilhados, antes de assar, com pistache triturado (ver pág. 18)
merengue de pistache (ver receita acima)

macaron de praliné de amêndoa

Ingredientes

para o praliné de amêndoa
200 g de açúcar refinado
100 ml de água
1 colher (sopa) de glucose de milho
150 g de amêndoa

para a ganache branca
150 g de creme de leite
300 g de chocolate branco picado

Modo de Preparo

1. Prepare o praliné. Em uma panela antiaderente, misture o açúcar, a água e a glucose de milho e leve ao fogo baixo, sem parar de mexer, até formar um caramelo.
2. Retire do fogo, acrescente a amêndoa, misture bem e despeje sobre uma folha de silpat. Espere esfriar.
3. Em seguida, leve essa mistura ao processador até obter um praliné fino. Reserve.
4. Para preparar a ganache branca, coloque o creme de leite em uma panela e leve ao fogo para ferver.
5. Em uma tigela, coloque o chocolate picado e em seguida despeje o creme de leite fervente e abafe por 1 minuto.
6. Retire a tampa e misture bem até formar um creme liso e homogêneo.
7. Espere a ganache esfriar e misture-a com a metade do praliné fino.
8. Reserve a outra metade do praliné para usar na decoração.
9. Recheie os macarons com a ganache de praliné. Pincele geleia de brilho sobre os macarons e polvilhe-os com praliné de amêndoa.

Você vai precisar de:
macarons naturais (ver págs. 10, 11 e 14)
ganache branca (ver receita acima)
praliné de amêndoa (ver receita acima)
geleia de brilho

macarons *variados*

macaron de café

Ingredientes

para o brigadeiro de café
15 g de farinha de trigo
395 g de leite condensado
200 ml de creme de leite
15 g de manteiga sem sal
45 g de pasta de café

Modo de Preparo
1. Em uma panela antiaderente, dissolva a farinha de trigo no leite condensado.
2. Acrescente o creme de leite e a manteiga, misture bem e leve ao fogo baixo até que a massa comece a se desprender do fundo da panela.
3. Retire então a panela do fogo e acrescente a pasta de café, misturando bem.
4. Deixe o brigadeiro de café esfriar, recheie os macarons e decore-os com grãos de café.

Você vai precisar de:
macarons saborizados com cacau em pó
   (ver págs. 10, 11 e 12) polvilhados,
    antes de assar, com café solúvel (ver pág. 18)
brigadeiro de café (ver receita acima)
grãos de café para decorar

macaron de creme aromatizado com café

Ingredientes

para o creme aromatizado de café

75 ml de água
200 g de açúcar refinado
3 claras
300 g de manteiga sem sal cortada em cubinhos
150 g de chocolate branco derretido
1 colher (chá) de essência de café

Modo de Preparo

1. Coloque a água e o açúcar em uma panela e leve ao fogo baixo. Deixe ferver, sem mexer, até que atinja 121°C e forme uma calda. Neste momento, retire a panela do fogo e deixe a fervura reduzir por 30 segundos.
2. Bata as claras em neve na batedeira (comece a bater quando a calda atingir 114°C, para que no momento em que atingir 121°C elas já estejam em neve).
3. Em fio constante e fino, despeje a calda sobre a clara em neve, batendo sem parar, em velocidade baixa, por cerca de 15 minutos ou até que esteja fria, exatamente como no merengue.
4. Junte a manteiga aos poucos, o chocolate derretido e a essência de café. Bata até obter um creme homogêneo.
5. Em seguida, recheie os macarons com o creme aromatizado de café.

Você vai precisar de:
macarons naturais (ver págs. 10 e 11) polvilhados, antes de assar, com café solúvel (ver pág. 18)
creme aromatizado de café (ver receita acima)

macaron de champanhe

Ingredientes

para o creme de champanhe
395 g de leite condensado
100 ml de creme de leite
100 g de pasta de champanhe
50 g de chocolate branco derretido

Modo de Preparo
1. Em uma panela, misture todos os ingredientes e leve ao fogo baixo, mexendo sem parar até que a mistura se desprenda do fundo da panela.
2. Espere o creme de champanhe esfriar e recheie os macarons.
3. Coloque o chocolate derretido ainda quente no cartucho de papel-manteiga e faça listras sobre os macarons.

Você vai precisar de:
macarons naturais (ver págs. 10, 11 e 14)
creme de champanhe (ver receita acima)
chocolate meio-amargo derretido para decorar
cartucho de papel-manteiga

macaron com geleia de pimenta

Ingredientes
para o suco de maçã
1 kg de maçã vermelha
1 litro de água

para a geleia de pimenta
2 pimentas dedo-de-moça
500 g de açúcar refinado
80 ml de suco de limão-taiti

Modo de Preparo
1. Comece preparando o suco de maçã. Pique as maçãs (elimine as sementes e o cabo) e coloque-a em uma panela. Junte a água e leve ao fogo para cozinhar até que os pedaços de maçã fiquem bem macios. Coe e reserve o suco.
2. Em seguida, prepare a geleia. Separe um copo do suco de maçã e leve ao liquidificador para bater com as pimentas.
3. Despeje essa mistura em uma panela e junte o açúcar e o restante do suco. Leve ao fogo baixo por cerca de 40 minutos, mexendo constantemente.
4. Acrescente o suco de limão, misture e deixe levantar fervura sem mexer.
5. Desligue o fogo, espere a geleia de pimenta esfriar e recheie os macarons.

Você vai precisar de:
macarons naturais (ver págs. 10 e 11) polvilhados, antes de assar, com pimenta calabresa (ver pág. 18)
geleia de pimenta (ver receita acima)

macaron praliné

Ingredientes

para o creme praliné
75 ml de água
200 g de açúcar refinado
3 claras
300 g de manteiga sem sal cortada em cubinhos
60 g de pasta de avelã
150 g de chocolate meio-amargo derretido

Modo de Preparo
1. Coloque a água e o açúcar em uma panela e leve ao fogo baixo. Deixe ferver, sem mexer, até que atinja 121°C e forme uma calda. Neste momento, retire a panela do fogo e deixe a fervura reduzir por 30 segundos.
2. Bata as claras em neve na batedeira (comece a bater quando a calda atingir 114°C, para que no momento em que atingir 121°C elas já estejam em neve).
3. Em fio constante e fino, despeje a calda sobre a clara em neve, sempre batendo em velocidade baixa, até que esteja fria.
4. Ainda na batedeira, junte aos poucos a manteiga, a pasta de avelã e o chocolate derretido. Bata até obter um creme homogêneo.
5. Recheie os macarons com o creme praliné.

Você vai precisar de:
macarons naturais no formato de flor
   (ver págs. 10, 11 e 16) polvilhados, antes
   de assar, com chocolate em pó (ver pág. 18)
creme praliné (ver receita acima)

macaron xadrez

Ingredientes

para o creme

125 g de açúcar refinado
30 g de farinha de trigo
30 g de amido de milho
4 gemas peneiradas
500 ml de leite
1 colher (chá) de essência de baunilha

Modo de Preparo

1. Em uma tigela, misture a metade do açúcar com a farinha de trigo e o amido de milho.
2. Acrescente as gemas e mexa bem com um fuê.
3. Separadamente, em uma panela, ferva o leite com o restante do açúcar e verta lentamente sobre o conteúdo da tigela, mexendo sem parar.
4. Transfira essa mistura para uma panela e cozinhe em fogo baixo, mexendo sempre, por 2 minutos.
5. Retire do fogo e coloque o creme em um recipiente forrado com papel filme. Cubra também com papel filme e leve à geladeira para esfriar.
6. Depois de frio, acrescente a essência de baunilha e misture tudo delicadamente.
7. Em seguida, recheie os macarons com o creme.

Você vai precisar de:
macarons tingidos com corante bordô
   (ver págs. 10, 11 e 13) com xadrez
   de massa natural (ver pág. 19)
creme (ver receita acima)

macarons *salgados*

macaron de azeitona

Ingredientes

para o creme de azeitona
300 g de ricota
50 g de azeitona verde picada
50 g de requeijão cremoso
sal a gosto

Modo de Preparo
1. Passe todos os ingredientes pelo processador até obter um creme.
2. Em seguida, recheie os macarons com o creme de azeitona.

Você vai precisar de:
macarons tingidos com corante cor de palha
   (ver págs. 10, 11, 13 e 14)
creme de azeitona (ver receita acima)

macaron com orégano

Ingredientes

para o patê de azeitona
100 g de ricota passada no processador
100 g de maionese
100 g de azeitona verde picada
orégano a gosto

Modo de Preparo
1. Passe a ricota pelo processador.
2. Coloque a ricota processada em uma tigela e adicione o restante dos ingredientes.
3. Misture tudo muito bem e recheie os macarons com patê de azeitona.

Você vai precisar de:
macarons naturais (ver págs. 10 e 11)
　polvilhados, antes de assar, com orégano
　(ver pág. 18)
patê de azeitona (ver receita acima)

macaron de tomate seco

Ingredientes
para o creme de tomate seco
300 g de tomate seco
100 g de queijo parmesão ralado
100 g de requeijão cremoso
alecrim a gosto

Modo de Preparo
1. Passe todos os ingredientes pelo processador até obter um creme.
2. Em seguida, recheie os macarons com o creme de tomate seco.

Você vai precisar de:
macarons naturais (ver págs. 10 e 11)
    polvilhados, antes de assar, com macarrão
    cabelo-de-anjo (ver pág. 18)
creme de tomate seco (ver receita acima)

A arte de fazer macarons
foi impresso em São Paulo/SP, pela Gráfica Araguaia, para a Editora Lafonte, em setembro de 2012.